Strohhalm, Stützbalken

Walle Sayer

Strohhalm, Stützbalken

Gedichte

KLÖPFER&MEYER

I

Stimulanzien

Ein Fenster, das unsignierte Jahreszeiten rahmt.
Die tote Maus, die morgens vor der Haustür liegt.
Schales Mischgesöff aus Wahlbier, Meßwein, Siegersekt.
Der Kinderblick, der einstmals Zirkuswägen nachsah.
In eine unreife Mostbirne beißen.

Vorlaufzeit

Auf dem Schachbrett vespern.
An einem ewigen Gewinde drehen.
Mit dem Schwurfinger in der Nase bohren.
Schweigen, bis eine Uhr von selber stehenbleibt.

Abwesenheitsnotiz

Aushäusig daheim, Schatten
unter einem Baldachin aus Blättern.

Ich schlafe im eigenen Gästebett,
gieße die Blumen der Nachbarn.

Ein paar Tage, durchsichtig
hin auf ihren Daseinsgrund.

Zu welchem Kontinent
gehört Balkonien.

Das trockene Laken bläht sich im Wind:
der Garten setzt sein lichtes Segel.

Fürs Tonarchiv

Geräuschspur unter deinem gekippten Fenster,
ein Klangstrich, der die Morgenstille halbiert,
zieht irgendwer einen Rollkoffer hinter sich her,
trennt die Naht auf zwischen Nacht und Frühe,
stanzt über Unebenheiten, zieht hinter sich
eine leiserwerdende Furche in sein Gehen.

Schnipsel

Den Apfel vergleichen mit einem Weltentwurf.
Eines Astwerks Krakelschrift entziffern.
Die Windböe hat eine Mähne.

Auftakt

Ohne Lehrerlaubnis
fällt draußen Schnee.

Daß du stehst neben dir
am Fenster deiner Dachkammer.

Hinausschaust als wie einer,
der auf nichts wartet.

Bis schwarz eine Katze
den Garten durchquert.

Schnee fällt draußen
und bedeckt das Weiß.

Anwandlung

Ein goldener Handspiegel.
Ich, Hofnarr und König in einem.
Das Volk lauscht eines Bauchredners Magenknurren.
Die Vorkoster liegen mit Krämpfen darnieder.
Es geht um kein Jahrhundert.
Nicht einmal um hundert Jährchen.
Die Kutsche holpert über gefrorenen Grund.
Der Himmel krakeelt mit seiner Bläue.
Grenzsteine, besänftigt von Moos.
Im Märchenraffer wird es dann gewesen sein.
Daß es einmal war.

Gewinnwarnung

Ein abgemagerter Goldesel
wird mit Rosenblättern gefüttert.

Dein achtzigjähriger Vater nimmt
an einer Cabrioverlosung teil.

Von weitem, Fasnetsauftritt nur:
der Bankier mit Schäferhut.

Stirnfalte

Meinst du es ehrlich
oder meinst du es ernst.

Sind dies zugeschneite Autos
oder sind das Winterskulpturen.

Bist du verschwenderisch
oder lediglich großzügig zu dir selbst.

Ist das ein Fingerknöchelchen
oder eine leere Fadenspule.

Die Knüpftechnik der Mitternacht

Während der Nachtbus
mit einer Leerfahrt das Dunkel abfährt,

sinnieren Ehemänner im Schlafanzug
rauchend auf Balkonen,

vernimmt eine Fledermaus
die Lautstärke einer Lichthupe,

sucht auf der nächsten Dorfdisco
jemand nach einer Salome,

zeigt ein Alkomat nichts als an:
daß du Melancholiker bist,

schnürt irgendwo ein Füchslein
durch eine Fußgängerzone.

Stunde

Der Nachtfalter
besetzt den Buckel
des Bleistiftspitzers.

Auf dem abgerissenen Kalenderblatt:
sich selbst den Tag quittieren.

Schlaflabor

In den Abständen, den Klüften
zwischen deinen Atemaussetzern

träumt versunken
im Schlafsaaldunkel
ein Mädchen von einem Aal,

winselt das namenlose Hündchen am Strand
auf Turners: Morgen nach dem Schiffbruch,

läuft naßgeschwitzt
in seinem Flügelhemd
das fiebernde Kleinkind
einem blökenden Umherirren nach,

gewahrst du dich
im Heuschober,
auf einem Laubhaufen,
einer Parkbank,
einer Schilfmatte,
einer Pritsche,

zugeweht
unterm dünnen
Relief dieser Bettdecke.

Weckton

Katzentapser und wie es auf Mülltonnen schneit.
Fern werden Nachttresore geleert und Kummerkästen.
Dumpf fliegt ein Spatz gegen die Scheibe.

Etwas Reimleim

Windeseile, Garbenseile.
Bleischwer und dableiben.
Das Vage und die Waage.
Duett, Duell.

Elegisch

Was ist, was wäre.
Wenn das Seltsame eigenartig wird.
Wenn der Lockruf einer Nebelkrähe uns gilt.
Wenn du wenig verstanden hast, aber alles kapiert.
Wenn du die Nadelspitze über eine Kerzenflamme hältst.
Du ein Flugpionier wärst, der einen Paragleiter sähe.
Und wir so weit, daß wir in Muckenstuben logieren.
Wenn unsre Väter dereinst versehentlich
ein weißes Kätzchen einsperren im Kohlenkeller
und auf veralteten Straßenkarten nach Zwiefalten finden.
Wenn du wählen müßtest
zwischen einem verregneten Sommer,
einem schneelosen Winter.
Wenn du einen Tautropfen
auffädeln könntest auf
eine Perlenkette.

II

Und alles Erfundene nur vorauserzählt war

Als ich
aus ausgespülten Senfgläsern
Apfelsaft trank.

Nichts anderes kannte.

Mich einmal auf die Sackwaage stellte
und einen halben Zentner wog.

Irgendwann einen schlotternden Maßanzug trug,
in den ich hineinwuchs,
bis er paßte.

Zündelalter

Mit Kerzenwachs Figürchen formen
und dann ein Brennglas auf sie richten.

Zwischen den Strohballen in der Scheune
verschwindet ein Feuersalamander.

Dünn raucht es im Spielzimmer
aus einem Schubladenspalt.

Ferne Karussellmusik

Eines gesunkenen Schiffes Bordkapelle.
Eltern, die den Elternsprechtag schwänzen.
Ein Lieblingsdarling und sein Rosenschütze.
Dem Drehwurm abermals die Sporen geben.
Karrentreiber treffen einen lahmen Kesselflicker.
Eine Münze aufklauben oder einen Hosenknopf.

Was der Meister heut zum Lehrling sagte

Hol den Fuchsschwanz,
bring mir einen Kreuzschlitz
und merk dir, wofür Schafsmist gut ist.

Diese Schmutzschicht,
auch nur eine Art Patina.

In allem Flüchtigen den Zeitspalt,
und aus der Kunscht die Kunst.

Bei Nachtfrost
schützt ein Eismantel
die Blüten vor der Kälte.

Antwortfragen,
Frageantworten.

Laut Augustinus
wär es jetzt jetzt.

Seufzer

Ein Puppendoktor, ein Hostienbäcker bin ich.
Bin der Wirt, der seinen Eigenverbrauch berechnet.
Ein Goldschmied, der ein Pferd beschlagen soll.
Ein Nikolaus, zum Osterhasen umgeschult.

Am Seeufer

Die Stelle, wo die Umkleidekabine stand.
Ein Bretterverschlag in seiner Verschwundenheit.
Allein das Astloch, das verblieb.
Auf damaliger Kopfhöhe.
In der Rückwand der Luft.

Kostümverleih

Indianerschmerz
aus hügelfernen Tagen,
Präriegras wogt in jedem Hinterhof.

Uralt eine Schildkröte,
verkrochen unterm Soldatenhelm.

Meines Ritters Wappentier
sei eine verschmuste Katze.

Was wärst du lieber:
Großwildjäger oder Angler,
Angler oder Schmetterlingsfänger.

Such dir einen Namen für mich aus
und sag mir, wie du heißen möchtest.

Mit solchem Bart bin ich der Kapitän
des Schleppkahns, der die Wolken zieht.

Timbre

Einen leisen Wattebausch
in Holzwolle verpacken.

Die ersten Blätter draußen
verfärben sich schon.

Erinnerungsfrequenz

Hörst du
diesen Schellennarr,
der versucht, sich anzuschleichen.

Oder war das Käthes Ladenglocke,
und du hast wieder vergessen,
was du mitbringen sollst.

Tabak, den billigeren, den Olanda,
einen Hefewürfel, eine Grablichterpackung,
und Gummiringe noch fürs Einmachglas.

Das Rausgeld, das Bierflaschenpfand:
reichte für Zuckerperlen,
langte für Bärendreck.

Sommerfahrplan

Wenn es so drückend heiß ist,
der Schulbus fährt mit geöffneter Tür.

Mit runtergezogener Sonnenblende,
wie durch einen Lichttunnel.

Gähnende Haltestellen, denen
der Nachmittag verschwimmt.

Nachsitzen müssen, weil man
zu spät kommen wird zum Nachsitzen.

Weil auf den flimmernden Landstraßen
sich die Heuwägen nicht überholen lassen.

Ein verwehtes Büschel
ziert den Außenspiegel.

Brillenverordnung

Kahle Astversalien
am Fenster des Klassenzimmers.

Vor seiner Kurzsichtigkeit
erstreckt sich das Absehbare.

Durch solch ein Kassengestell gesehen,
sind die unerreichbaren Mädchen
noch unerreichbarer.

Ein angehender Jüngling
und die Tümpel seiner Augen.

Eisschicht oder Einsicht:
liest er von der Tafel ab.

Dem Frechdachs sein Sprüchlein

Im Schnittpunkt von Wurstzipfel und Zipfelmütze.
Auf einer Skala von potthäßlich bis grottenschlecht.
Der Schlaumeier antritt gegen unser Obergescheitle.
Dein Knutschfleck ein entzündeter Schnakenstich ist.

Erste Fahrstunde

Auf asphaltierten Feldwegen,
einer ausgewellten Ebene: untertourig
eine Bresche in den Wind fahren.

Zittrig zeigt die Tachonadel
zum abgelegenen Weiler,
wo wir umdrehen können.

Beim Anfahrenüben,
ein verschreckter Satz,
bockt das Auto wie ein Füllen.

Im Rückspiegel verliert sich
Umgebung in einer Miniatur.

Erst vorgestern doch hab ich dir
die Stützräder am Fahrrad abmontiert.

Ohne Getriebegruß,
ohne den Motor abzuwürgen,
das Lenkrad krampfhaft umfaßt,
stößt du dich ab vom Rand des Nests.

Rochaden

Das Alter des Vaters erreichen,
das er hatte, als er Vater wurde.

Wintertags, vorm Spiegel,
beim Anprobieren eines Strandkleids,
erblicken junge Mütter sich als Frauen.

Ein Kolumbus sein,
der den Ort entdeckt,
in dem er lebt seit fünfzig Jahren.

Abends dann
bei Matthäus nachgelesen:
von den Letzten und den Ersten,
und daß jeder Verzicht dich reicher macht.

Nun aber jetzt. Jetzt aber nun.

Wenn sie nicht mehr weiterwissen,
setzen die Lehrer die Schüler um.

Aufgehoben,
werden die Dinge
zu Sachen.

III

Verschneites Hinweisschild

Nach Niederlagen
führen von jedem Rom aus
alle Wege nach Hintertupfingen.

Im Fernlicht,
hinter einer langgezogenen Kurve,
stehen Rehe, das Streusalz
von der Straße leckend.

Trainingsrückstand

Deinem Anlauf fehlt
ein halber Zwischenschritt.

Der ramponierte Absprungbalken,
vormals eine Türschwelle.

In der Weitsprunggrube
sandeln Kinder.

Parade

Mit jedem Mal,
wenn er sich streckte
nach den Unhaltbaren,
wuchs er um ein Winzigstel.

Von Anbeginn,
Spitzname Fliegenfänger,
ein Staturstrich zwischen zwei Pfosten,
sich in den Kasten getraut.

Im Grunde der Torwarthandschuhe wegen:
weil seine Hände als Pranken erschienen,
man die abgekauten Fingernägel
so nicht mehr sah.

Fussballbildchen sammeln

Nah, das Abstrakte
an Schlammspritzern,
und wie sie gegenständlich werden
auf dem Trikot des Schönwetterspielers.

Immer kickt einer
nachmittags auf dem Bolzplatz
unter lauter Stollenschuhen
in Sandalen mit.

Wimpeltausch

Hölzern, hüftsteif,
vor gefegter Wolkentribüne.

Not gegen Elend, somit
ihr gegen uns und wir gegen euch.

Auf daß ein Mannschaftskasper
den Ehrentreffer erzwingt.

Fenstervignette

Ein Eiszapfen
träufelt Augentropfen
in das Starren der Tonne.

Trouvaillen

Mitten auf der Schutthalde draußen
die Königskerze, die in die Höhe weist.

Wie in der abgebrochnen Zimmerantenne
leicht verbogen eine Gabel steckte.

Die Regenséance vierer Campingstühle
um den Tischersatz eines Baumstumpfs herum.

Dunkle Fensterwaben an einer Hochhausfassade,
im Mondschimmer der schwelende Schnee.

Der am äußersten Ast aufgehängte Meisenknödel
pendelt eine Winterfrage aus.

Zwei Krücken, so aneinandergelehnt,
daß sie einen Innenwinkel bilden.

Mit dem Bleistiftstummel notiert

Über den Bergspitzen hantiert wer
am Mischpult dieses Abendgewitters.

In der Morgenfrühe ein Junge, überquert
mit einem Eimer voll Kröten die Straße.

Bring mir einen Pinienzapfen mit:
soll ich gesagt haben im Schlaf.

Wappenmalerei

Das rostfleckige
Schnittlauchmesser
auf der Fensterbank.

Ein leerer Brotkorb:
als Spendenkässchen
hingestellt.

Der Dorfbrunnen, weil er weiß
ums Dahinplätschern der Zeit.

Die Wipfelkonferenz
der dunklen Tannen.

Grenzstein

Zweigt da vorne der Weg ab,
krümmt sich etwa der Sonnenschein.

Einen schiefen Gesichtsausdruck hat er
und trägt eine Moosperücke.

Hält Ausschau: mit der Krähe,
die sich auf ihm niederläßt.

Daguerreotypie

Bis diese Locken eingedreht waren,
wieviel Engelsgeduld sie aufbringen mußte,

das Schneefeld ihres Halstuches
bedeckt allmählich die ganze Brust,

als fixiere sie an Lilien vorbei
den an die Wand genagelten Ballettschuh,

versiegelt der Lippenstrich
das Antlitz, den Moment.

Porträtaufnahme

Lederfett
als Faltencreme,
die hohe Stirn ein Riff.

Die Lieblingsspeisen solchen Mundes:
Kernbohnen, Bückling, Hefezopf.

Eigenheiten, die zu Marotten wurden.
Wer lächelt, wird unterschätzt.

Auf eine Fähre warten,
in ein Sacktuch schneuzen.

Mit das Gewaltigste
fügt sich in die Augen,
die es sehen.

Schusterkugel

Die roten Stiefelchen
für das Abkommen vom Wege
schimmern selbstvergessen auf dem Abholregal.

Riemen, Peitschen, Zaumzeug, Sohlenlöcher:
etwas davon zumindest war heut zu flicken.

Im Lichtärmlichen,
nebst einem ausgeschnittenen Fundbild
(Flechtsandale aus Gehölzbast, 2900 vor Christus),
verdämmert eingerahmt der Meisterbrief an der Wand.

Weinstube, letzte Bestellung

Falls dann noch immer welche
dasitzen vom Frühschoppen,
fängt die Abendschule an,

kann man ihm zuschauen, dem ergrauten Kellner,
der nebenan den Mittagstisch eindeckt
des nächsten Tages,

zu den Kantenlinien bedächtig ein Glas
verschiebt, Bestecke nachjustiert,
Kerzen kerzengerade rückt,

und aus Stoffservietten
Schwanenkonturen
faltet.

Bewerbungsphoto

Akribischer Blick.
Weniger denn ein Maulvoll.
Mehr wie ein Forellenbäckchen.
Anwärter auf eine Anwartschaft.
Der Krawattenknoten Gegenpol.
Präziser als genau, also überdeutlich.
Und genauer als präzis, also exakt.
Akribisch, ein Ameisenwort.

Kryptographie einer Vorstandssitzung

Montagsgesichter.
Sich neigende Tulpenköpfe.
Zu Widerhaken verbogene Büroklammern.

Aus Schneckenfühlern ein Antennengeflecht.
Steinformen hartgewordener Brotriebel.
Und ein ersoffener Fisch.

Was macht die Hyäne in diesem Streichelzoo.
Woher kommen die Fällzeichen an den Bäumen.

Werktag

Windwellen im ungemähten
Gras, der September
herbstelt bereits.

Für sich allein
trocknet auf der Leine
dein weißes Sonntagshemd.

Ein hellumrissener
Fahnenhauch.

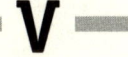 **V**

Anblick

Da,
in der löchrigen Dachrinne,
zwischen dem verfaulten Laub,

vom letzten Sommer noch:
diese drei Federbälle,

was zählen sie an in ihrer Einigkeit,
was zählen sie ab, wen
überstimmen sie.

Das alte Chaiselongue

Mit dem durchgelegenen Sofa sich treiben lassen,
auf überladnem Heuwagen oben, flußabwärts im Kahn,
ein Mittagsschläfchen halten bis zur Dämmerstunde,
quer zum Tag hin, ein Jünger am Fuße des Ölbergs,
während auf Überstundenkonten die Zeit verfällt,
ein Schöpfeimer rostet am Grund eines Weihers.

Aus dem Skizzenbuch des Malers

Die Bartwildnis eines Gesichts.
Ein entrückter Umriß und sein Seelengewicht.
Ein schwebendes Scharnier.
Die Strichkorsette der Sitzhaltungen.
Die Karyatidenzüge einer Konsolenfigur.
Ein Schrankbeschlag als Dinggeschöpf.
Schlafkuhlen im Bodennebel.
Das Koboldhafte eines Pfeifenkopfes.

Diffuses

Das Zeichen suchen...

Günter Eich

Der Abstand,
den zwei Angler
zwischen sich brauchen.

Der totgeglaubte Kater,
wie er nach drei Wochen
vorm Küchenfenster miaut.

Auf dem Altstadthügel,
diese ragende Gebäudearche
aus dem zwölften Jahrhundert.

Mutters aufgehängte Kochschürze,
durch Soßenspritzer
kartographiert.

Jene von einem Flohmarkt
mitheimgebrachte
Sturmlaterne.

Die Stubenfliege, die sich
auf ein Notenblatt
setzt.

Kritzelei

Eingezeichnete Laufwege sind das
auf der Taktikskizze an der Kabinentür.

Die Scharrmuster des Hühnervolkes
im abendlichen Hofboden.

Verworfene Lösungsmöglichkeiten
in einem bleichen Geometrieheft.

Das Spinnwebgeflecht zwischen
Eckbrett und Jesuskreuz.

Vom Flüchtigschönen

Damit du damit
die Luftpumpe befestigen konntest
an der abgebrochenen Halterung,

trat eins der Mädchen vor,
das seit Kindergartenzeiten
lehnte an der Mauerwange,

schüttelte Helligkeit
aus ihrem Haar und gab
dir den blauen Zopfgummi,

als sei, was sie da reichte,
nichts als ein blauer
Zopfgummi.

Riechfläschchen

So strohig
rochen blonde,
mit Kernseife gewaschene,
an der Morgensonne getrocknete Haare.

Und das wohl die eigenen Käsfüße,
beim Nachdenken auf die Nackenrolle hochgelegt.

Im Stockbett damals unter einem Furzer schlafen.
Hin zur Stockfäule gefällter Fichten,
dem Wasser zu nah.

Dagegen dies: Stockrose, Königin der Malven,
als Duftnote einer verheirateten Frau,
mit der du an der Sektbar flirtest.

Die leeren Weinflaschen

Nach der zweiten Bouteille schon
stehen sie mit der Erhobenheit
von Zeigefingern da.

Recken
etwas statisch
ihre grünen Hälse.

Verpetzen jedem,
wieviel wir trinken.

Spätestens
nach der vierten
stehen sie durchsichtig rum:
Schaffer, die nix zu tun haben,
Spieler nach einer verkorksten Saison.

Wollen mitreden und vermögen am wenigsten zu sagen.

Fühlen sich selbst immer leerer dabei
und bekommen langsam mildere Züge.

Stehen beisammen.

Bierkrüge auf einem Regal

Der hier stammt
aus einer ehemaligen Räuberhöhle,
einer denkmalgeschützten Spelunke.

Windige Ecke zweier Seitenstraßen,
weitab vom Herumgehopse
der jeweiligen Jugend.

Weil ich Depp mich einst
vom Nebentisch herüber beschwatzen ließ,
beim Skat den dritten Mann zu machen,
hocke ich wohl jetzt noch dort.

Die Art von Kneipe also,
die mit defekter Außenleuchte
selbst an Heiligabenden geöffnet blieb.

Es eine ledige Bedienung gab, die wußte,
ob du Linkshänder, Rechtshänder bist.

Und dir
den Henkel
danach ausgerichtet hat.

Maniküre

Näherinnenschrammen,
in Kamillentee eingeweicht.

Wie kühl
das Weihwasser war
auf den Fingerkuppen.

Schaffhände, Spülhände,
und deren zerfurchte Lebenslinien.

Eine Mädchenkindheit: als im Spiel
man einfach Harz statt Nagellack
auf den Fingernägeln
sich verrieb.

Verstaubte Kristallkugel

Im Wahrgesagten schimmert Katzengold.
Regt sich standeserhöht ein Mistkäfer am Sims.
Geht eine verliebte Zwickmühle auf und zu.
Sucht im Klostergarten die Stille nach dir.
Fallen einem Heurechen seine Holzzähne aus.
Regnet es auf den verlassnen Sammelplatz.
Wär alles Weiß ein Diktum des Schnees.
Vollmond ein aufgesetztes Monokel.

Weitwinkel

Ein taubstummer,
in die Erde geschlagener Pfosten,

mit einem zerfaserten Strick daran,
an dem nichts angebunden ist,

von einem Lüftchen umweht,
das Wind sein möchte.

An der Stallwand lehnend

Ministrable Haltung, als lakonisches
Rückgrat: ein Stiel aus Eibenholz.

Standhafte Mistgabel, die für sich behält,
wieviele Augiasställe sie schon ausgemistet hat.

Mürrisch nachfragt: bist du gebürtig,
gar nach hierher strafversetzt.

Durch dich hindurchschaut, weit genug,
bis selbst du bäuerliche Vorfahren hast.

Kontemplativ

Wie die Mauerreste eines Wehrturmes:
überwuchert werden vom Gras
oder sich zuwachsen lassen.

An nebliger Uferseite ein Angler,
löst sacht den zu kleinen Fisch
vom Haken und wirft ihn
zurück ins Wasser.

Woran denkt der schroffe Fels im Licht
und an was der Fels im schroffen Licht.

Einzig eine Kandelaberfichte
fängt des Winters ganze
Schneelast auf.

VI

Poesiealbumzeilen

Margeritenblätter abzählen,
zerknitterte Geldscheine bügeln.
Aus dem Ernst des Lebens
entsteht höchstens Lebensernst.
Ein Kilo Alteisen, ein Kilo Flaumfedern.
Realität und Wirklichkeit sind drei Paar Schuh.
Drei Paar Schuh und keines paßt.

Tagesanfangsverse

Der Meeresspiegel in einem Glas Wasser
und die Zeitansage im Radio.

Bei den Stellenanzeigen
auch heute nirgendwo
ein Nachtportier gesucht.

Im Silentium der Frühe:
das unwillige Schulkind,
das mit dem Fuß aufstampfend
einen Mittelpunkt markiert.

Erwähnenswertes

Mit deiner Fernglaslupe
sahst du nach dem Platzkonzert

bei den abgestellten Instrumenten,
deren Glänzen reflektiert: den Käfer,

wie er verharrt am Trichterrand der Tuba
und dann im Schlund verschwindet,

zum Gipfelpunkt der Tiefe,
als hätte er eine Mission.

Lichtzeichen

Als die Stubenlampe flackerte,
fand der Elektriker Mäuseskelette
hinter der Abdeckung im Sicherungskasten.

Mit Glühfaden
vernähte Risse prangen
am nächtlichen Himmel.

Das Kinderzimmer, Einschlafritual:
nur von einem Leuchtglobus erhellt.

Traumfänger

Das Anrührende
dieses kleinen Stapels,

auf dem Hocker neben dem Bett,
ganz akkurat zusammengelegt,

farblich abgestimmte Zuversicht:

die für den morgigen Tag
herausgesuchten, viel zu leichten
Anziehsachen.

Kinderunterschrift auf einem Gipsarm

Der Purzelbaum im Salto.
Am Himmelsrand kalben die Wolken.
Und auf dem Dachfirst döst ein Pfau.

Kartonage

Es braucht so wenig,
fast nichts, und das Fastnichts
ist nicht mehr als ein sperriger Karton,
in dem die Gefriertruhe angeliefert wurde.

Mit dem gezackten Brotmesser
Fensterläden ausgeschnitten und ein Türeck,
durch das der Vierjährige hindurchpaßt.

Eine Schutzhütte jetzt
auf dem Weg vom Bett zum Schrank.

Die Herzkammer des Zimmers,
ein Rückzugsort.

Polarstation, Kajüte, Einsiedlerhöhle, Basislager.

Als Lichtquelle baumelt die Taschenlampe
am durchgezogenen Bindfaden.

Die Chipsvorräte reichen bis morgen,
und Morgen und Abend
sind die Ufer
des Tages.

Anfangshöhe

Ein aufgelesener Apfel,
einer vom Erntedankaltar,
ein verschrumpelter aus dem Keller,

wenn du den Butzen
werfen kannst, hopfenleicht
an leeren Schwalbennestern vorbei,

aus dem Stand heraus:
über den Giebel eures Hauses,
über das Dach deiner Schule hinweg.

Was auf dem entrissenen Spickzettel stand

Ära versus Epoche.
Die Kernaussage einer Zwiebel.
Das Wissensgebiet mit einem Vers abstecken.
Selbstgewähltes Thema: das Verfehlen des Themas.
Die Köpfe auf dem Schulhof punktieren die Fläche.

Aufhellung

Mückenflirren
stützt die Brunnenfigur.

Am Marktstand gibts
die ersten Mirabellen.

Ein Geigenstrich
kreuzt einen Sonnenstrahl.

Musikschulfenster
stehen offen.

VII

Amulett

Weil es
mehr ein Losstapfen
als ein Aufbrechen sein wird,
Atemwolken, Feuerwerksreste,
der zugefrorene Brunnen
im Morgenlicht glänzt.

Gefilde

Im Funkloch leben, nicht erreichbar sein, und wenn,
dann bloß: mit einem Rabenkrächzen als Klingelton.

Reisesegen

Rhabarberstauden werfen einen Palmblattschatten,
und die Wetterhexe liegt im Sonnenstudio,
solang bis der Weiher eine Eisglatze hat.

Und jede Weltreise beginnt auf einem Dreirad,
eine staubige Hauptstraße hinunter,
an drei Misthäufen vorbei.

Und nur in einem Koffer ohne Boden
ließ sich alles mitnehmen.

Urlaubstag

Die gestrandete
Hügelsilhouette.

Möwen, die Möwen parodieren.

Ein Nahziel,
das die Fernsicht
verstellt.

Dreierknoten

Momentum
einer Hochzeitsreise.

Damals, wir,
noch ein Pärchen, schon ein Paar,
am Katzentisch des Restaurants.

Daneben, mit dem Champagnerglas alleinig:
Madame, die an uns vorbei in was Gewesenes blickte,
eine halbe Kartoffel und nur die Spargelspitzen aß.

Walpurgiszeilen, Interlinearversion

Erscheint am Tag darauf sodann die Katze
mit einem Vogelflügel im Maul: vergrab diesen.

An genau der schattigen Stelle im Garten,
wo er stand, als er seinen Antrag dir machte.

Nachdem er dich zum dritten Mal küßte,
muß dein Atem nach Walderdbeeren riechen.

Rembrandt: Die Rückkehr des verlorenen Sohnes

(um 1668)

Schrundige
Offenbarung
einer Fußsohle.

Gleich, aus dem Halbdunkel,
nach dem Aufrichten vom Kniefall,
wachen Psalter und Harfe auf.

Zerlumpter als zerlumpt
kann man nicht heimkommen.

Notizen für die Laienpredigt

Anhäufeln,
zusammenstupfen.

Quellwasser
aus einem Sektglas trinken.

Glocken, ertaubt
von ihrem eigenen Geläut.

Der unentzifferbare Sockelspruch:
Erbarm dich deiner.

Strohhalm,
Stützbalken.

Der Wicht
in allem Wichtigen.

Dreispurige
Sackgassen.

Der Daseinsfunke
eines Augenblicks.

Jammerschönes,
Wenigvieles.

Psalm 90,10

Es ist
der Tag vorm
Abschalten der Apparate,
dem Ziehen der Schläuche,
der endlosen Geraden
des Monitorstrichs.

Der Pfleger leuchtet
in den Augabgrund.

Hat eine Erklärung dafür,
warum die Lider noch flattern
beim Rufen des Namens.

Die abgegriffene Bibel des Krankenhauspfarrers:
Grashalme und eine Taubenfeder
als Seitenzeichen.

Sesamcode

Besucherhinweis: Zum Öffnen des Aufzuges die
vier Zahlen des gegenwärtigen Jahres eingeben.

Greisin, die Windeln trägt,
die Gangebene abläuft, murmelnd
einen Puppenwagen vor sich herschiebt,

stockt, kurz aufschaut
vor der Felsspalte
des Aufzugs.

Stuhlgang

Den Klingelknopf gedrückt
und nach der Bettpfanne verlangt.

Wegen ein paar Hasenbollen.

In diesem Geruch,
den kein Stoßlüften vertreiben wird,
kommt ihm von fern, wie süßlich
Roßsalami schmeckte.

Warmer
Bärlauchatem
eines Waldweges
unter der Bettdecke.

An einem Feldrand sich wiederfinden,
in der Hocke, ein Grasbüschel
zum Abwischen.

Ein Sonnenhang
vor hellichten
Wänden.

Mit dem neuen Hörgerät

Ein Reiskorn,
es fallen lassen
auf den Küchenboden.

Deutlich vernehmbar jetzt
des Geldscheißers Selbstgespräche
in seinem Toilettenverlies.

Über Klaviertasten
huscht eine Maus dahin.

Zähneknirschen klingt,
als träte jemand auf ein
Schneckenhaus.

Der Raumgewinn an Stille
durch die stehengebliebene Wanduhr.

Eine andere Stille, so laut,
als hätte ein Posaunenchor
gerade aufgehört
zu spielen.

Ein Zahlenschloss knacken

Soviel wie übermorgen
an Stühlen herumstehen
in einem dämmrigen Wartezimmer.

Die Anzahl
der Klimmzüge, von denen du
mit jedem Jahr einen weniger schaffst.

Das tropfende
Mitzählen des Wasserhahns,
Zeitgeräusch dieser schlaflosen Nacht.

Und am Tellerrand
jene paar herausgepulten Zibeben,
die in einem Stück Kranzbrot steckten.

Beispielsweise

Die Aufstiegschancen eines Sänftenträgers.
Der Wangenkuß des Feuerschluckers.
Die Augenfarbe eines Blindenhundes.
Das Lächeln der Narkoseschwester.
Die Rendite einer Rose.

Verlautbarung

Mitten in der Großstadt
in ein Waldhorn blasen.

In den rumpelnden
Silos der Zementlaster
drehen sich Kellerdecken.

Eine alte Leier
kündigt Neues an.

Einen Farbton mischen

Die milde Septembersonne
und das Aufscheinen der Forsythien,
neben einem Gelb wie es das Postauto hat,
mit dem der Briefträger angefahren kommt,
der dem Ausjurierten ein Päckchen zustellt,
die Tierarztrechnung für den Hamster bringt,
Strafporto verlangt wegen einem Liebesbrief.

Am Herbstrand

Nah der Friedhofsmauer
hängt die Eberesche voller Vogelbeeren.

Daß die Eiche der Patriarch ist unter diesen Bäumen:
Ockerinbrunst nimmt den Behauptungston.

Vom Revers der Thujahecke
einen schönen Zweig als Weihwasserwedel.

Wie weit muß man den Buchs zurückschneiden,
und sind Steinrosen winterfest.

Navigationsfehler

Vor dem Bergkamm eines ungespülten Geschirrstapels.
Den Maulwurfshaufen betrachten durch ein Opernglas.
Innerorts stellt sich eine Kirche den Wegen in den Weg.
Auf Landkarten wär dies kaum eine Fingerlänge entfernt.
Unser Schlittenhund jagt einem Wüstenfuchs hinterher.
Ich soll die fünfte Ausfahrt im Kreisverkehr nehmen.

Beim Heimkommen

Das Gardemaß,
das Gartenzwerge haben,
sobald ein Bewegungsmelder angeht.

Dahinter,
als seien sie postiert,
als verlangten sie Wegezoll,
macht die Katze einen weiten Bogen
um die schwarzen Gummistiefel,
die vor deiner Haustür stehen.

In deren Blickfeld:
das Schlüsselversteck
unter dem Blumenkübel.

Inhalt

© 2013 Klöpfer und Meyer, Tübingen.
Alle Rechte vorbehalten.
ISBN 978-3-86351-056-5

Umschlaggestaltung: Christiane Hemmerich
Konzeption und Gestaltung, Tübingen.
Herstellung: Horst Schmid, Mössingen.
Satz: CompArt, Mössingen.
Druck und Einband: Pustet, Regensburg.

Mehr über das Verlagsprogramm von Klöpfer & Meyer
finden Sie unter *www.kloepfer-meyer.de*

Walle Sayer
Zusammenkunft
Ein Erzählgeflecht
224 Seiten
gebunden mit Schutzumschlag

»Sätze von betörender Schönheit: Da ist große Poesie im kleinsten Detail.«

Nürnberger Nachrichten

»Eine Arte povera. Walle Sayer besitzt die Geduld, noch das Unscheinbarste genau zu beobachten, um das so Auf- und Zugefallene in die Wörter heimzubringen: Preziosen der Abseitigkeit.« **Badische Zeitung**

»Walle Sayer, einer aus der ganz seltenen Gattung derer, die unfähig sind, an der Oberfläche zu bleiben.« **Südwest Presse**

KLÖPFER&MEYER